AF834193

एकादशी व्रत

प्रकाशक: डिवाइनभारत

कॉपीराइट © 2025 डिवाइनभारत
सर्वाधिकार सुरक्षित।
ISBN : 978-93-5592-018-8
प्रकाशक: डिवाइनभारत

वेबसाइट: www.divinebharat.co

प्रस्तावना

(अर्थ: ग्यारहवीं तिथि)

वैदिक पंचांग के अनुसार प्रत्येक माह के शुक्ल पक्ष और कृष्ण पक्ष की ग्यारहवीं तिथि को आती है। यह व्रत विशेष रूप से वैष्णव परंपरा में अत्यंत पवित्र माना जाता है। इस दिन भक्तजन विष्णु भगवान की उपासना करते हैं और व्रत, उपवास या फलाहार द्वारा अपनी इन्द्रियों को संयमित रखते हैं। इसका उद्देश्य केवल पापक्षालन ही नहीं, बल्कि आत्मसंयम, साधना और आध्यात्मिक उन्नति है। इसी कारण एकादशी को जीवन को शुद्ध और अनुशासित बनाने वाला महान व्रत माना गया है।

अनेक भक्त एकादशी के दिन भक्तिपूर्वक श्री विष्णु सहस्त्रनाम का पाठ करते हैं। अनेक मंदिरों में विशेष एकादशियों पर इस स्तोत्र का सामूहिक रूप से पाठ किया जाता है। यह परंपरा पारदर्शिता और प्रामाणिकता दोनों को दर्शाती है तथा शास्त्रसम्मत भक्तिपूर्ण भावना के अनुरूप है।

भक्त इस पवित्र दिवस पर दिव्यता का स्मरण, नामजप और ध्यान करते हैं। इस पुस्तक में एकादशी देवी की उत्पत्ति कथा – जो भगवान विष्णु से संबंधित है – के साथ-साथ एकादशी माता और भगवान विष्णु की आरती भी प्रस्तुत की गई है।

एकादशी में संयमित रखने योग्य इन्द्रियाँ

५ ज्ञानेन्द्रियाँ (Sense Organs)

1. नेत्र (आँखें) – व्यर्थ दृश्यों को न देखकर, केवल शुभ और सात्त्विक दृष्टि रखें।

2. कर्ण (कान) – अशुद्ध या अपवित्र बातें न सुनकर, केवल भगवान के नाम, कथा और भजन श्रवण करें।

3. घ्राण (नाक) – विकार उत्पन्न करने वाली गन्धों से दूर रहकर, केवल सुगन्धित और पवित्र वातावरण ग्रहण करें।

4. त्वचा (स्पर्श) – विषयासक्ति से दूर रहकर, केवल शीतल और पवित्र स्पर्श स्वीकार करें।

5. रसना / जिह्वा (जीभ) – स्वाद लोलुपता से बचकर, केवल फलाहार या उपवास रखें तथा भगवान का नाम-जप करें।

५ कर्मेन्द्रियाँ1. हस्त (हाथ) – अपवित्र या पापकर्मों से बचकर, केवल पूजन, जप, दान और सत्कार्य में लगाएँ।

2. पाद (पाँव) – असत्संग अथवा अपवित्र स्थान पर न जाकर, केवल मंदिर, सत्संग और पवित्र स्थलों की ओर जाएँ।

3. वाक् (मुख/वाणी) – असत्य, निंदा और कटु वचन न बोलकर, केवल मधुर, सत्य और नामस्मरण करें।

4. उपस्थ (जननेन्द्रिय) – कामवासना पर संयम रखकर, ब्रह्मचर्य का पालन करें।

5. पायु (मलत्यागेंद्रिय) – शुद्धाचार और स्वच्छता का पालन करें।

अन्तःकरण

- मन – यह इन्द्रियों का राजा है। एकादशी व्रत का मुख्य उद्देश्य मन को विषयों से हटाकर भगवान की भक्ति में लगाना है। इस प्रकार एकादशी व्रत केवल अन्न का त्याग नहीं है, बल्कि इन्द्रियों और मन का संयम भी है, जिससे साधक पाप से मुक्त होकर ईश्वर की कृपा का अधिकारी बनता है।

एकादशी व्रत का आहार

एकादशी उपवास का पालन विभिन्न तरीकों से किया जा सकता है। कोई भक्त अपनी स्वास्थ्य स्थिति, जीवन-शैली और आध्यात्मिक लक्ष्य के अनुसार उपवास की विधि चुन सकता है। यह केवल अन्न-त्याग नहीं, बल्कि भगवान के प्रति श्रद्धा और संयम का साधन है।

१. निर्जल

इस प्रकार के व्रत में भक्त पूरे दिन जल तक का त्याग करता है। न अन्न, न फल, न जल। इसे सबसे कठिन और सर्वोच्च माना गया है।

२. जलाहार

इसमें व्रती केवल जल का ही सेवन करता है और अन्य किसी वस्तु का सेवन नहीं करता।

३. क्षीरभोजी

इस व्रत में व्रती केवल दूध और दूध से बनी वस्तुएँ ग्रहण करता है।

४. फलाहारी: इसमें व्रती केवल फल एवं प्राकृतिक आहार (जैसे मौसमी फल) ग्रहण करता है।

५. नक्तभोजी

इसमें व्रती दिनभर उपवास रखकर संध्या के बाद केवल एक बार भोजन करता है। भोजन में केवल उपवास योग्य वस्तुएँ जैसे – साबूदाना, सिंघाड़ा, शकरकंद (रतालू/शकरकंद), आलू और मूँगफली का उपयोग किया जाता है।

ध्यान रहे कि इसमें धान्य (चावल, गेहूँ, जौ, बाजरा आदि) और दाल-फलियाँ (अरहर, मूँग, चना आदि) का प्रयोग नहीं किया जाता।

इस प्रकार एकादशी का व्रत विभिन्न स्तरों पर किया जा सकता है – कठोर निर्जल से लेकर फलाहार और नक्तभोज तक। प्रत्येक विधि का मूल उद्देश्य है इन्द्रियों पर संयम रखते हुए भगवान की भक्ति में दिन व्यतीत करना।

एकादशी व्रत सूची

	नाम	माह	महत्व	आहार नियम
1	उत्पन्ना एकादशी	मार्गशीर्ष कृष्ण	धार्मिक कार्यों व सिद्धि	फलाहार
2	मोक्षदा एकादशी	मार्गशीर्ष शुक्ल		
3	सफला एकादशी	पौष मास के कृष्ण पक्ष	मोक्ष	फलाहार, दूध
4	पौष पुत्रदा एकादशी	पौष शुक्ल	संतान प्राप्ति व कल्याणकारी	अन्न वर्जित, फल व दूध अनुमत
5	षट्तिला / तिल्दा एकादशी	माघ कृष्ण	दान-पुण्य व पापक्षय	तिल, फल, दू
6	जया एकादशी	माघ शुक्ल	भूत-प्रेत बाधा निवारण	अन्न वर्जित, फलाहार
7	विजया एकादशी	फाल्गुन कृष्ण	संकट निवारण	फल, दूध, जल
8	आमलकी एकादशी	फाल्गुन शुक	पुण्य व स्वास्थ्य लाभ	आंवला सेवन

9	पापमोचनी एकादशी	चैत्र कृष्ण	पापों का नाश	फलाहार
10	कामदा एकादशी	चैत्र शुक्ल	संतान व सौभाग	फल, दूध
11	वरुथिनी एकादशी	वैशाख कृष्ण	संपत्ति व सुरक्षा	फलाहार
12	मोहिनी एकादशी	वैशाख शुक्ल	माया-मोह निवारण	फलाहार, दूध
13	अपरा एकादशी	ज्येष्ठ कृष्ण	सभी पापों से मुक्ति	अन्न वर्जित, फल अनुमत
14	निर्जला एकादशी	ज्येष्ठ शुक्ल	सर्वश्रेष्ठ पुण्यदायिनी	पूर्ण उपवास, जल वर्जित
15	योगिनी एकादशी	आषाढ़ कृष्ण	रोग मुक्ति व स्वास्थ्य	फल, दूध
16	देवशयनी एकादशी	आषाढ़ शुक्ल	चातुर्मास प्रारंभ	फलाहार
	एकादशी व्रत एवं चातुर्मास्य विधान			
17	कामिका एकादशी	श्रावण कृष्ण	विष्णु पूजन श्रेष्ठ	फल, दूध
18	श्रावण पुत्रद एकादशी	श्रावण शुक्ल	आध्यात्मिक शु	फलाहार

19	अजा एकादशी	भाद्रपद कृष्ण	समस्त पापों क नाश	फल, दूध
20	पार्श्व/ परिवर्तिनी एकादशी	भाद्रपद शुक्ल	भगवान विष्णु व शयन स्थिति परिवर्तन	फलाहार
21	इंदिरा एकादशी	आश्विन कृष्ण	पितृ मोक्ष	फल, जल
22	पद्मिनी एकादशी	अधिक मास शुक्ल	विशेष पुण्य	फलाहार
24	रमा एकादश	आश्विन शुक्ल	मोक्ष प्राप्ति	फलाहार
25	परमा एकादशी	अधिक मास कार्तिक कृष	सौभाग्य व समृ	फलाहार
26	प्रबोधिनी एकादशी (देवउठनी)	कार्तिक शुक	चातुर्मास समा	फलाहार

एकादशी उत्पत्ति की कथा

एक समय की बात है – जब 88,000 महान ऋषिगण, जिनमें शौनक आदि प्रमुख थे, नैमिषारण्य में एकत्रित हुए। सभी महर्षियों ने परम पुराणविद्, ब्रह्मज्ञानी श्री सूतजी महाराज से निवेदन किया –
"हे सूतजी! आप सर्वज्ञ हैं, कृपया हमें एकादशी व्रत की उत्पत्ति तथा उसके महात्म्य के विषय में विस्तार से बताइए।"

ऋषियों के इस प्रश्न को सुनकर सूतजी ने कहा –
"हे महान तपस्वियों! यही प्रश्न महाभारतकाल में धर्मराज युधिष्ठिर ने भी भगवान श्रीकृष्ण से उनके पंचम अश्वमेध यज्ञ के अवसर पर किया था। उस समय श्रीकृष्ण ने एकादशी के माहात्म्य की जो कथा सुनाई थी, वही मैं आप सबको सुनाता हूँ, ध्यानपूर्वक श्रवण कीजिए।"

भगवान श्रीकृष्ण ने कहा –"एक वर्ष में बारह मास होते हैं और प्रत्येक मास में दो एकादशियाँ आती हैं। इस प्रकार पूरे वर्ष में कुल 24 एकादशियाँ होती हैं। जब अधिमास (अधिक मास) आता है, तब उसमें भी दो एकादशियाँ होती हैं। इस प्रकार कुल मिलाकर 26 एकादशियाँ होती हैं। इनके नाम इस प्रकार हैं –

1. उत्पन्ना एकादशी
2. मोक्षदा एकादशी
3. सफला एकादशी
4. पौष पुत्रदा एकादशी
5. षट्तिला एकादशी
6. जया एकादशी
7. विजय एकादशी
8. आमलकी एकादशी
9. पापमोचनी एकादशी
10. कामदा एकादशी

11. वरूथिनी एकादशी

12. मोहिनी एकादशी

13. अपरा एकादशी

14. निर्जला एकादशी

15. योगिनी एकादशी

16. देवशयनी एकादशी

17. कामिका एकादशी

18. श्रावण पुत्रदा
एकादशी

19. अजा एकादशी

20. परिवर्तिनी एकादशी

21. इन्दिरा एकादशी

22. पापांकुशा एकादशी

23. राम एकादशी

24. प्रबोधिनी एकादशी (देवउठनी)

अधिमास की दोनों एकादशियाँ

1. पद्मिनी एकादशी

2. परमा एकादशी

भगवान श्रीकृष्ण ने आगे कहा –“इन सभी एकादशियों का फल उनके नामानुसार ही प्राप्त होता है। जो भी श्रद्धा और नियमपूर्वक इन व्रतों का पालन करता है, उसे धर्म, अर्थ, काम और मोक्ष – चारों पुरुषार्थ सहज ही मिल जाते हैं।”

सतयुग में एक मुर नामक दैत्य हुआ जो अत्यंत पराक्रमी था। उसने इन्द्र, सूर्य, वसु, ब्रह्मा, वायु, अग्नि सभी देवताओं को पराजित कर दिया। भयभीत देवता भगवान विष्णु की शरण में गए। भगवान ने देवताओं के साथ उसपर आक्रमण किया। सहस्त्रों वर्षों तक युद्ध चला। अंततः भगवान गुफा में विश्राम करने लगे। दैत्य मुर वहाँ पहुँचा और सोए हुए भगवान को मारने का विचार करने लगा। तभी भगवान विष्णु के शरीर से एक तेजस्विनी कन्या प्रकट हुई। उस कन्या ने मुर से भीषण युद्ध किया और उसके सभी अस्त्र-शस्त्र

नष्ट कर दिए। अंत में उसने तलवार से मुर का सिर काट दिया। जब भगवान विष्णु जागे तो उन्होंने उस कन्या को देखा। प्रसन्न होकर बोले – "वत्से! माँग जो चाहो।"

कन्या बोली –

"प्रभु! आज के दिन जो मनुष्य उपवास करेंगे उन्हें सारे पापों से मुक्ति मिले। जो केवल रात्रि में भोजन करेंगे उन्हें आधा फल, और जो दोपहर में भोजन करेंगे उन्हें उसका चौथाई फल मिले। परन्तु जो पूर्ण उपवास करेंगे वे करोड़ों कल्प तक स्वर्ग का भोग कर अंत में आपके धाम को प्राप्त हों।"

भगवान ने वर प्रदान किया और बोले –

"आज से तुम एकादशी नाम से प्रसिद्ध होगीं। जो कोई इस दिन व्रत करेगा, उसके पाप भस्म हो जाएँगे और वह अंततः मेरे धाम को प्राप्त होगा।"

इस प्रकार एकादशी स्वयं भगवान की शक्ति स्वरूपा हैं, और इस दिन उपवास करने से पाप नष्ट होकर भक्ति और मोक्ष की प्राप्ति होती है।

॥ ॐ जय जगदीश हरे ॥

ॐ जय जगदीश हरे, स्वामी ! जय जगदीश हरे।
भक्त जनों के संकट, क्षण में दूर करे॥
ॐ जय जगदीश हरे।
जो ध्यावे फल पावे, दुःख विनसे मन का।
स्वामी दुःख विनसे मन का।
सुख सम्पत्ति घर आवे, कष्ट मिटे तन का॥
ॐ जय जगदीश हरे।
मात-पिता तुम मेरे, शरण गहूँ मैं किसकी।
स्वामी शरण गहूँ मैं किसकी।
तुम बिन और न दूजा, आस करूँ जिसकी॥
ॐ जय जगदीश हरे।
तुम पूरण परमात्मा, तुम अन्तर्यामी।
स्वामी तुम अन्तर्यामी।
पारब्रह्म परमेश्वर, तुम सबके स्वामी॥
ॐ जय जगदीश हरे।
तुम करुणा के सागर, तुम पालन-कर्ता।
स्वामी तुम पालन-कर्ता।

मैं मूरख खल कामी, कृपा करो भर्ता॥
ॐ जय जगदीश हरे।
तुम हो एक अगोचर, सबके प्राणपति।
स्वामी सबके प्राणपति।
किस विधि मिलूँ दयामय, तुमको मैं कुमति॥
ॐ जय जगदीश हरे।
दीनबन्धु दुखहर्ता, तुम ठाकुर मेरे।
स्वामी तुम ठाकुर मेरे।
अपने हाथ उठाओ, द्वार पड़ा तेरे॥
ॐ जय जगदीश हरे।
विषय-विकार मिटाओ, पाप हरो देवा।
स्वमी पाप हरो देवा।
श्रद्धा-भक्ति बढ़ाओ, सन्तन की सेवा॥
ॐ जय जगदीश हरे।
श्री जगदीशजी की आरती, जो कोई नर गावे।
स्वामी जो कोई नर गावे।
कहत शिवानन्द स्वामी, सुख संपत्ति पावे॥
ॐ जय जगदीश हरे।

॥ एकादशी माता की आरती ॥

ॐ जय एकादशी,

जय एकादशी,

जय एकादशी माता।

विष्णु पूजा व्रत को धारण कर,

शक्ति मुक्ति पाता॥

ॐ जय एकादशी...॥

तेरे नाम गिनाऊं देवी, भक्ति प्रदान करनी।

गण गौरव की देनी माता, शास्त्रों में वरनी॥

ॐ जय एकादशी...॥

मार्गशीर्ष के कृष्णपक्ष की उत्पन्ना, विश्वतारनी जन्मी।

शुक्ल पक्ष में हुई मोक्षदा, मुक्तिदाता बन आई॥

ॐ जय एकादशी...॥

पौष के कृष्णपक्ष की, सफला नामक है।

शुक्लपक्ष में होय पुत्रदा, आनन्द अधिक रहै॥

ॐ जय एकादशी...॥

नाम षटतिला माघ मास में, कृष्णपक्ष आवै।

शुक्लपक्ष में जया, कहावै, विजय सदा पावै॥

ॐ जय एकादशी...॥

विजया फागुन कृष्णपक्ष में शुक्ला आमलकी।

पापमोचनी कृष्ण पक्ष में, चैत्र महाबलि की॥

ॐ जय एकादशी...॥

चैत्र शुक्ल में नाम कामदा, धन देने वाली।

नाम वरूथिनी कृष्णपक्ष में, वैसाख माह वाली॥

ॐ जय एकादशी...॥

शुक्ल पक्ष में होयमोहिनी अपरा ज्येष्ठ

कृष्णपक्षी।

नाम निर्जला सब सुख करनी, शुक्लपक्ष रखी॥

ॐ जय एकादशी... ॥

योगिनी नाम आषाढ में जानों, कृष्णपक्ष करनी।

देवशयनी नाम कहायो, शुक्लपक्ष धरनी॥

ॐ जय एकादशी... ॥

कामिका श्रावण मास में आवै, कृष्णपक्ष कहिए।

श्रावण शुक्ला होयपवित्रा आनन्द से रहिए॥

ॐ जय एकादशी... ॥

अजा भाद्रपद कृष्णपक्ष की, परिवर्तिनी शुक्ला।

इन्द्रा आश्चिन कृष्णपक्ष में, व्रत से भवसागर निकला॥

ॐ जय एकादशी... ॥

पापांकुशा है शुक्ल पक्ष में, आप हरनहारी।

रमा मास कार्तिक में आवै, सुखदायक भारी॥

ॐ जय एकादशी... ॥

देवोत्थानी शुक्लपक्ष की, दुखनाशक मैया।

पावन मास में करूंविनती पार करो नैया॥

ॐ जय एकादशी...॥

परमा कृष्णपक्ष में होती, जन मंगल करनी।

शुक्ल मास में होयपद्मिनी दुख दारिद्र हरनी॥

ॐ जय एकादशी...॥

जो कोई आरती एकादशी की, भक्ति सहित गावै।

सो जन स्वर्ग का वासा, निश्चय ही पावै॥

ॐ जय एकादशी...॥

www.ingramcontent.com/pod-product-compliance
Lightning Source LLC
LaVergne TN
LVHW072030061026
849558LV00050B/556
9789355920188